Daniel Bühling

ICH SAG JA!

AF220104

Daniel Bühling

Ich sag JA!

Frei getraut ins Eheleben

Bibliografische Information der Deutschen Nationalbibliothek: Die Deutsche Nationalbibliothek verzeichnet diese Publikation in der Deutschen Nationalbibliografie; detaillierte bibliografische Daten sind im Internet über http://dnb.dnb.de abrufbar.

© 2021 Daniel Bühling, www.daniel-buehling.de

Fotos, Satz: René Bühling, www.buehling.org

Herstellung und Verlag: BoD – Books on Demand, Norderstedt

ISBN: 978-3-7543-0849-3

INHALTSVERZEICHNIS

Ein jedes Ja ist Wagnis und verlangt ein Ziel. Du kannst dir nicht ein Leben lang die Türen alle offen halten, um keine Chance zu verpassen.

Auch wer durch keine Türe geht und keinen Schritt nach vorne tut, dem fallen Jahr für Jahr die Türen eine nach der anderen zu.

Wer selber leben will, der muss entscheiden: Ja oder Nein - im Großen und im Kleinen.

Wer sich entscheidet, wertet, wählt, und das bedeutet auch: Verzicht. Denn jede Tür, durch die er geht, verschließt ihm viele andere. Man darf nicht mogeln und so tun, als könne man beweisen, was hinter jener Tür geschehen wird.

Ein jedes Ja - auch überdacht, geprüft - ist zugleich Wagnis und verlangt ein Ziel.

Das aber ist die erste aller Fragen:

Wie heißt das Ziel, an dem ich messe Ja oder Nein?

Und: Wofür will ich leben?

– Paul Roth

1. DAS BESONDERE DER FREIEN TRAUUNG

In so mancher freien Trauung findet sich wohl auch das Gedicht von Paul Roth mit dem Titel „Ja oder Nein". Ein aus freiem Herzen und durch die Liebe begründetes JA zu einem anderen Menschen ist immer etwas Besonderes. Dass die Ehe immer auch ein Wagnis bleibt, muss nicht explizit gesagt sein. Keiner kennt die Zukunft. Daher ist das JA zu einem Menschen auf tiefem Vertrauen und großer Hoffnung gegründet.

Die Hochzeitsbranche boomt nach wie vor und da ist es klar, dass sich viele neue Bräuche, Möglichkeiten und Angebote zu den Altbewährten hinzugesellen. Neu ist eine freie Trauung wahrlich nicht. So richtig in Fahrt kam der freie Trauungsmarkt aber erst 2009. Den Beginn machten, wie auch in meinem Fall, Theologen, welche auf dem Weg zum Priester waren oder sogar schon Pfarrer waren, dann aber der Liebe oder anderer Gründe wegen ihren Dienst niedergelegt haben.

Aus der Not und der Suche danach, wie Theologen außerhalb der Institution Kirche tätig sein können, entsprang die Idee, Lebenswendfeiern wie Hochzeiten, Beerdigungen oder Willkommensfeiern für Babys jenen anzubieten, die ebenso keiner Kirche oder Glaubensgemeinschaft angehören, sich jedoch an diesen Lebenspunkten etwas Besonderes wünschen.

Besonders ist eine freie Trauung allemal. Der richtige Trauredner verleiht jeder freien Hochzeit Individualität. So einzigartig die Geschichte zweier Menschen ist, welche sich begegnen, lieben lernen und ihre Zukunft planen, so einzigartig sollte auch das JA-Wort zueinander sein. Am Leben des Paares sollte sich der Anspruch eines Redners orientieren. Dazu später mehr.

So besonders also wie die Geschichte zweier Menschen, so besonders sind auch all die Möglichkeiten, welche eine freie Trauung bietet. Sei es der Ort, die Musik, die Rituale. Kein Pfarrer, der entscheidet welche Musik gespielt wird und welche nicht. Keine Vorgabe, dass die Trauung immer in einem kirchlichen Raum stattfinden muss. Kein seit Jahrhunderten festgelegter Textrahmen, der bei jedem Paar gleich scheint. Dafür aber Rituale, welche sich an den Wünschen des Brautpaares orientieren und sogar Raum geben, die Gäste und Familien miteinzubeziehen.

Dies alles heißt aber nicht, dass eine freie Trauung außerhalb des kirchlichen Rahmens auf Wunsch nicht auch in christlichem oder gläubigem Ansinnen vollzogen werden *kann*. Zahlreiche Paare sind gläubig oder religiös geprägt und wünschen sich diese Aspekte auch in ihrer freien Hochzeit.

Nur weil man ein Problem mit dem Bodenpersonal der Institution Kirche hat und derer nicht angehören möchte, heißt das ja nicht, dass man keinen Glauben haben kann.

Paaren, welche eine christlich geprägte, aber frei gestaltete Trauung wünschen, rate ich, dass sie sich bei der Suche nach ihrem Redner bzw. ihrer Rednerin an deren Vorgeschichte orientieren und sich einen theologisch versierten Dienstleister aussuchen.

Ich Folgenden möchte ich euch all die Besonderheiten und Details vorstellen, die eine freie Trauung ausmachen.

2. DIENSTLEISTUNGEN VON REDNER:INNEN

Egal ob Pfarrer, freier Theologe oder selbsternannter Redner – es handelt sich immer um ein Dienstleistungsangebot, das ein Paar in Anspruch nimmt. Die Ambitionen, die ein Dienstleister an seine Dienstleistung, hat variieren sehr stark.

Der Anspruch eines Pfarrers, welcher meist nach kirchlicher und traditioneller Vorgabe traut und seinen Lebensunterhalt auch ohne diese Trauung erhält, ist ein anderer als der des freien Redners, der auf die Honorare der Paare, die zu ihm kommen, angewiesen ist.

Er muss sich durch sein Tun und Können abheben von anderen, um als Dienstleister konkurrenzfähig zu bleiben. Für einen freien Redner zählt die gute Werbung, welche durch glückliche und zufriedene Paare zustande kommt. Eine freie Trauung lebt daher von Persönlichkeit und Empathie. Die beste und effektivste Werbung für eine solche Dienstleistung ist die der Empfehlung.

Die meisten meiner Paare kommen nicht über Social Media oder Online-Werbung, sondern über Paare oder deren Gäste, die mich live erlebt haben und dadurch wissen, dass sie hier eine Dienstleistung erhalten, die ihr Geld wert ist und auch das verspricht, was eine freie Trauung ausmachen soll. Wer also auf der Suche nach einem freien Trauredner ist, tut gut daran zuerst im Freundes- oder Bekanntenkreis nach persönlichen Erfahrungen zu fragen.

Auch ist der Anspruch eines wirklich guten Trauredners an sich selbst daran orientiert, dass er ein Honorar in Anspruch nimmt in dessen Gegenzug seine Auftraggeber auch etwas erhalten, dass diesem Wert entspricht. Wer eine freie Trauung zu billig bucht, muss damit rechnen, dass seine Erwartungen eher gedämpft werden. Im

Umkehrschluss sollte der hochpreisige Redner einige Highlights bieten, die seinen Preis rechtfertigen.

Im Internet findet man heute Redner in einer Preisspanne zwischen 200 € und 2500 €. Die Berufsbezeichnung „Redner" ist weder geschützt, noch an Voraussetzungen geknüpft. Folglich unterscheiden sich Vorerfahrung und Ausbildung der Anbieter stark. Von Hausfrauen/männern, die sich ein Zubrot verdienen möchten, bis zu ausgebildeten Homiletikern (Predigern) und Berufsrhetorikern sind Angebote zur Traurede zu finden. Jeder hat das Recht und die Freiheit seinen Dienst anzubieten. Der Kunde muss sich zuvor klarwerden, welchen Anspruch er hat und welche Qualität er erwarten möchte. Eine gute Orientierung lässt sich in der Vita des Dienstleisters finden. Daraus ist meist z.b. eine Qualifikation als Sprecher ersichtlich. Im Zweifel unverbindlich anfragen und sich in einem persönlichen Telefonat oder Treffen selbst ein erstes Bild machen. Ein seriöser Anbieter sollte immer bereit sein, sich unentgeltlich Zeit für ein Kennenlernen zu nehmen.

Institutionen wie die IHK bieten mittlerweile Rednerausbildungen an, die z.B. eine professionelle Ausbildung attestieren. Derartige Unterscheidungsmerkmale helfen, die Kenntnisse des Anbieters im Bereich der freien Trauung einzuschätzen.

Hinsichtlich der großen Preisspannen kann man nicht pauschal sagen, wer ist sein Geld wert. Viele Faktoren spielen hierbei eine Rolle. In Großstädten sind Dienstleistungen häufig teurer als auf dem Land. Die Ausbildung des Redners sollte Berücksichtigung finden, ebenso welche Inhalte seine Pakete enthalten und ob er mehr anbietet als seine Kollegen.

Um sich ein Bild der preislichen Größenordnung machen zu können nenne ich meinen Paaren folgenden Richtwert. Bei einer komplett ausgearbeiteten Zeremonie mit Vorgesprächen, Begleitung und Hilfestellung bis zur Trauung, Ausarbeitung der Texte und

Durchführung der Zeremonie kommen bei mir gut 10 Stunden Arbeitsaufwand zusammen. Je nach Stundensatz ist alles zwischen 600€ und 1000€ meiner Ansicht nach gerechtfertigt. Wie gesagt, dies kann nur ein Richtwert sein. Es gibt Redner, die bieten unterschiedliche Pakete an, wie standardisierte Zeremonien, in denen z.B. nur die Paarrede individuell ist. Oder die Dauer der Zeremonie ist auf 30 Minuten begrenzt. Andere bieten in ihren Paketen z.B. noch Musiker oder Fotograf mit an.

Je nach Angebot kann der Preis daher schon mal variieren zwischen 300 € und 1500 €. Am besten auch hier vergleichen, was die einzelnen Angebote alles enthalten.

Meiner Ansicht nach ist ein persönliches Kennenlernen vor Vertragsabschluss, soweit es die räumliche Distanz zulässt, immer vorteilhaft für beide Parteien. Ich sage immer, ich möchte am Tag der Hochzeit nicht der Fremde sein, der kurz kommt, seinen Dienst tut und wieder geht. Ich finde, gerade wenn man den schönsten Tag auch zum individuellsten machen mag, dann möchte ich das Paar auch kennen lernen, was dann später in der ganzen Zeremonie auch spürbar wird. Je besser man das Paar kennen lernen kann und sich austauscht, desto mehr wird die Hochzeit zu ihrer Hochzeit.

Umgekehrt ist es für das Paar auch wichtig zu wissen, ob die Chemie zwischen ihnen und dem Redner passt. Kann man sich „nicht riechen", ist es wie bei allen anderen Begegnungen im Leben auch, es macht sich im Umgang und später auch in der Zeremonie bemerkbar, sei es auch nur unbewusst.

Wenn möglich lade ich meine Paare (gern auch mit den Trauzeugen) für ein erstes Kennenlernen zu Kaffee und Kuchen ein. Es soll ungezwungen sein und dieser erste Kontakt entscheidet dann über alles Weitere.

Passt die Chemie und das Paar entscheidet sich meine Dienste zu buchen, dann geht's ans planen und erörtern. Wünsche, Anliegen und natürlich die gemeinsame Geschichte der Beiden spielen eine Rolle. Alles Weitere ergibt sich dann auch im Gehen des gemeinsamen Weges bis zu ihrem großen Tag. Meine Paare stehen in engem Kontakt mit mir z.B. über die unterschiedlichen Messenger-Dienste. Kurze Wege für spontane Anliegen oder Fragen sind für alle hilfreich.

Für beide Seiten kann auch ein Dienstleistungsvertrag wichtig sein. Denn was passiert z.B. wenn der Redner durch Krankheit oder anderweitigen Ausfall an diesem Tag nicht erscheinen kann? Dann steht das Paar alleine da? Was, wenn das Paar sich einen Tag vor der Hochzeit trennt oder die Hochzeit abgesagt werden muss?

Für Fälle wie die gerade beschriebenen regelt ein Dienstleistungsvertrag die Abwicklung im Interesse beider Parteien. Auf den folgenden Seiten möchte ich euch an einem Beispiel zeigen, wie ein solcher Vertrag in etwa aussehen kann.

BEISPIEL-DIENSTLEISTUNGSVERTRAG

für die Durchführung einer freien Zeremonie

ZWISCHEN _____

[im Folgenden Dienstleister genannt]

UND

Auftraggeber (Name, Adresse: Straße, PLZ, Ort, Festnetz / Mobil, Emailadresse)

[im Folgenden Auftraggeber genannt]

wird vereinbart:

1. Der Dienstleister verpflichtet sich, für die Auftraggeber die vereinbarte Zeremonie vorzubereiten und diese am
(Datum)_____(Ort)_____um_____ Uhr durchzuführen.

2. Die Auftraggeber verpflichten sich zur Zahlung der Honorare. Diese sind:

a) das Pauschalhonorar für folgende Dienstleistung:

    o Hochzeit _____ €

    o Geburt & Beginn _____ €

    o Bestattung _____ €

    o zzgl. 19 % Umsatzsteuer

    o Gemäß § 19 UStG Kleinunternehmerregelung wird keine Umsatzsteuer auf den Gesamtbetrag aufgeschlagen

b) zzgl. eine km Pauschaule von ......€/km.

Mit der verbindlichen Terminbuchung wird eine Anzahlung in Höhe von 40 % des Honorars fällig. Damit gilt der Dienstleistungsvertrag als geschlossen. Die verbleibenden 60 % werden nach Durchführung der Zeremonie fällig. Hierfür, wie auch für die Anzahlung, erhält der Auftraggeber vom Dienstleister eine Rechnung.

3. Vertragskündigung bzw. Vertragsrücktritt

3.1. Bei Vertragskündigung bzw. Vertragsrücktritt durch die Auftraggeber:

3.1.1. Bis 6 Wochen vor dem vereinbarten Termin für die Zeremonie wird nur die geleistete Anzahlung vom Dienstleister einbehalten.

3.1.2. Danach, d.h. bei einer Vertrags-Kündigung bzw. Vertrags-Rücktritt mit weniger als 42 Tagen vor dem vereinbarten Termin der Zeremonie, werden insgesamt 75 % des (Brutto-) Gesamtwertes fällig.

3.2. Sollte der Dienstleister aus gewichtigen Gründen (z.B. Krankheit) verhindert sein, so obliegt es dem Dienstleiter einen Kollegen / eine Kollegin mit der Restdurchführung des Auftrags, bzw. der Durchführung der Zeremonie zu betrauen.

Hierdurch entstehen dem Auftraggeber keine Mehrkosten.

4. Der Dienstleister haftet nicht für Ausfall oder Schäden, die auf höherer Gewalt oder sonstigen Umständen beruhen, die vom Dienstleister nicht zu vertreten sind.

5. Die Auftraggeber haften umfassend füreinander, sodass gegebenenfalls die Zahlung des Gesamtbetrags des Auftrags von nur einer Partei der Auftraggeber zu erbringen bzw. zu übernehmen ist.

6. Die Kosten bzw. Honorare von anderen bzw. weiteren Dienstleistern fallen unabhängig an und sind unabhängig an diese zu bezahlen (z.B. Honorar für Musiker, Raummiete, etc.).

7. Für Hochzeiten:

Alle Vertragspartner wissen, dass die freie Zeremonie die standesamtliche Eheschließung nicht ersetzt.

Tag und Ort der Standesamtlichen Trauung _____

_____   _____
Ort, Datum   Ort, Datum

_____   _____
Unterschrift Auftraggeber   Unterschrift Dienstleister

18

Im Grunde sind im vorangehenden Mustervertrag die wichtigsten Dinge geregelt. Es finden sich online zahlreiche weitere Vorlagen und alternative Ausführungen. Es gibt sicher auch Anbieter, die keinen Dienstleistungsvertrag anbieten oder abschließen und auf Vertrauensbasis handeln. Im Endeffekt muss dies jeder selbst entscheiden. Als Auftraggeber hat das Paar ein Recht auf einen solchen Dienstleistungsvertrag.

3. VORBEREITUNGEN

Wenn sich ein Paar eine freie Trauung wünscht, gehört die Buchung eines Redners mit zur ersten Tätigkeit rund um die zu planende Hochzeit. Die Buchung des Redners sollte zeitgleich mit der Buchung der Örtlichkeit erfolgen, um damit euren Wunschtermin fix zu machen. Alle anderen Dienstleistungen wie Musiker oder Fotograf folgen später.

Je nach Größe der Hochzeit sollte sich das Paar mindestens ein Jahr im Vorfeld, besser noch früher, um einen Termin bemühen. Vor allem, wenn es sich um einmalige Wunschtermine wie z.B. 11.11. oder 06.06. handelt, weil die Nachfrage für solche Daten sehr hoch ist.

Generell gilt vor allem in den Sommermonaten:

Fester Wunschtermin? Rechtzeitig Termin sichern!

Hinsichtlich der freien Trauung selbst muss das Paar keine eigenen Vorbereitungen treffen. Es kann sich im Vorfeld natürlich überlegen, was ihnen für die Zeremonie wichtig ist oder welche Musik gespielt werden soll. Generell beantworten sich diese Fragen aber ohnehin in den gemeinsamen Vorbereitungsgesprächen. Auch was Rituale usw. betrifft, sollte ein guter Redner dem Paar alles vorstellen und anhand von Beispielen aufzeigen können, was möglich ist.

Natürlich kann sich jeder im Vorfeld auch online schon mal umsehen, was dort an Ideen, Hinweisen und Beispielen zu finden ist. Von der Sicherung des Termins abgesehen gilt hinsichtlich der Vorbereitungen zur freien Trauung: Einfach kommen, erzählen und austauschen und den Rest den Trauredner machen lassen.

4. DAS PAAR IM MITTELPUNKT

Bei jeder Trauung, gleich ob standesamtlich, kirchlich oder frei steht das Paar im Mittelpunkt, zumal es ihr großer Tag ist, an dem sie sich das gegenseitige Ja-Wort geben.

Dienstleister der Hochzeitsbranche, die das Paar nicht in den Mittelpunkt aller Planungen und Ausführungen nehmen, gehen meiner Meinung nach den falschen Weg. Ich sage meinen Paaren immer, dass ihre Trauung so werden soll, wie sie es sich wünschen und ich alles dazu beitrage, um ihre Trauung einmalig und in ihrem Sinne zu gestalten.

Dies sollte für alle Beteiligten einer Hochzeitsfeier gelten, egal ob Musiker, Caterer, Fotograf und sogar die Gäste. Ganz dem unausgesprochenen Gebot nach, dass die Trauzeugin niemals in einem weißen Hochzeitskleid ihren Dienst verrichten würde.

Dass das Paar den Mittelpunkt einer Trauung einnimmt, wird auch im Äußeren sichtbar. Neben Hochzeitsanzug und Brautkleid schauen alle Augen auf das Paar, welches zentral im Blickfeld des ganzen Ereignisses steht.

Da die Örtlichkeiten bei einer freien Trauung variieren, sollte darauf auch bei der Platzierung des Paares und der Gäste, sowie des Redners geachtet werden. Die klassische Sitzordnung bei einer kirchlichen Hochzeit sieht meist gleich aus. Der Pfarrer am Altar, davor, mit dem Rücken zu ihren Gästen, sitzt das Brautpaar. Viele Paare übernehmen diese Sitzordnung auch gerne für ihre freie Trauung. Je nach Kulisse bietet sich damit für das Paar wie auch für die Gäste ein herrlicher Ausblick, etwa bei einem Blick ins Tal von einer Alm herab oder auf das Wasser eines Sees.

Nicht außer Acht zu lassen: eine Trauung lebt von Emotionen. Von den Emotionen des Paares genauso wie von den Emotionen der Gäste. Beide bedingen sich gegenseitig und werden zu einem großen Ereignis.

Viele Paare äußern den Wunsch, ihre Gäste auch während der Zeremonie sehen zu können. In diesem Fall ist es bei einer freien Trauung problemlos möglich, das Paar einfach mit Blickrichtung direkt zu den Gästen oder leicht schräg versetzt zu platzieren. Der Redner stellt sich dann ebenso versetzt auf, so dass dieser das Brautpaar sowie auch die Gäste direkt ansprechen kann.

Ganz gleich welche Sitzordnung angestrebt wird, das Paar sollte von allen gesehen werden und im Mittelpunkt des Geschehens stehen.

5. INDIVIDUALITÄT

Nicht nur körperlich steht das Paar im Mittelpunkt des Tages. Der Tag ist beiden gewidmet, was ihre gemeinsame Geschichte vom ersten Kennenlernen bis zum heutigen Tag der Trauung einbindet. Und auch ein Ausblick auf die Zukunft als Paar, verbunden mit ihren Wünschen, gemeinsamen Zielen und Träumen, macht die Zeremonie zu einem individuellen Ereignis.

Anders als bei einer kirchlichen Trauung, bei der Gott und das Thema der Treue meist im Mittelpunkt stehen, orientiert sich die freie Trauung, an der gemeinsamen Biographie des Paares in Vergangenheit und Zukunft.

Doch nicht nur die biographischen Daten helfen eine Trauung individuell zu gestalten. Ein guter Redner oder eine gute Rednerin kann auch aus vermeintlichen Nebensätzen heraushören, was das Paar ausmacht.

Je unbefangener, herzlicher und offener das Gespräch mit dem Paar ist und je besser sich Paar und Redner verstehen, desto persönlicher und individueller wird die ganze Trauungszeremonie. Hier verdeutlicht sich auch, warum ich zu Beginn dieses Buches schrieb, dass die Chemie zwischen beiden Parteien passen muss.

Allen Paaren, die auf der Suche nach „ihrem" Redner oder „ihrer" Rednerin sind, rate ich:

Hört auf eure innere Stimme.

Wenn sich im zwischenmenschlichen Bereich etwas nicht stimmig anfühlt, sucht lieber weiter. Der oder die Richtige findet sich.

Nun aber zurück zur Frage welche Hintergründe der Vita eine freie Trauung zum individuellen Ereignis machen.

Viele Paare haben bspw. ein Hochzeitsmotto, welches oft schon auf den Einladungen an ihre Liebsten angekündigt wird. Dies spiegelt schon ein gemeinsames Ansinnen wieder, welches im Leben des Paares eine Rolle spielt, denn sonst hätten sie dieses nicht ausgesucht.

Genauso verhält es sich mit der Musik, welche sich das Paar wünscht und aussucht. Die Texte der Stücke beziehen sich oft inhaltlich auf das, was dem Paar aus dem Herzen spricht oder ihre Zukunftswünsche spiegelt. Hierin finden sich auch Anhaltspunkte für Musik, welche thematisch in die Zeremonie eingebunden werden kann und zur Individualität der Feier beitragen.

Ich stelle meinen Paaren frei, meine E-Mail oder Telefonnummer an ihre Trauzeugen weiter zu geben. Gerade Trauzeugen haben oftmals wundervolle Ideen und Hinweise zum Paar, welche eine individuelle Rede und Zeremonie sehr bereichern können.

Oftmals möchten die Trauzeugen oder andere Familienmitglieder einen überraschenden Part während der Trauung übernehmen, und so dem Ganzen noch mehr Einzigartigkeit verleihen. Dies erfordert natürlich ein gehöriges Maß an Vertrauen, das man richtig gewählten Trauzeugen aber zugestehen können muss.

Egal, welche Infos und „Verbündeten" der Redner zur Seite gestellt bekommt – ein guter und erfahrener Redner wird immer die Einzigartigkeit des Paares zum Vorschein in der Zeremonie bringen. Auch sollte er sich nicht scheuen, dem Paar auf Wunsch bisherige Zeremonien zu präsentieren und aus dem Stehgreif zu jedem seiner Paare und deren Trauung etwas erzählen können.

Der Schwerpunkt einer freien Trauung muss sich den Wünschen und Eigenheiten des Paares fügen und dies sollte beim Brautpaar und den Gästen auch spürbar ankommen. *Individuality wins!*

6. ORT UND ZEIT DER TRAUUNG

Wie bei allen Aspekten einer freien Trauung unterliegt auch die Ortswahl der Freiheit des Paares!

Es bestimmt den Ort und die Zeit ihrer Hochzeit, egal ob auf einer Burg unter nächtlichem Sternenhimmel, im Heißluftballon bei Sonnenaufgang, auf dem Schiff bei Sonnenuntergang, einer Insel zur Mittagszeit, einem Berggipfel im Tiefschnee oder im heimischen Garten am Abend.

Gespielt wird, was, wann und wo es gefällt! Und dennoch gibt es einige Dinge bei einer freien Trauung zu bedenken.

Einen besonderen Reiz kann die Durchführung inmitten der Natur darstellen. Und ich muss sagen, unter freiem Himmel habe ich die schönsten Trauungen erlebt – sofern Wetter mitspielt. Keiner kann in die Zukunft blicken und so ist es ratsam einen Plan B hinsichtlich der Örtlichkeit zu haben.

Die meisten großen Hochzeitslocations haben sowohl ein traumhaftes Platzangebot unter freiem Himmel, als auch die Möglichkeit kurzfristig in Innenräume ausweichen zu können. Paare sollten also bei der Planung immer beide Möglichkeiten vorhalten, um nicht letztendlich sprichwörtlich im Regen zu stehen. Wer keine Auswahlmöglichkeit hat, sollte zumindest mit Partyzelten oder Pavillons vorsorgen. Das Wetter ist bei einer freien Trauung unter freiem Himmel immer das größte Risiko.

Doch auch bei strahlendem Sonnenschein gibt es einiges zu bedenken. Je nach Planung dauert eine freie Zeremonie in der Regel zwischen 40 und 60 Minuten. Eine lange Zeit, wenn man als Paar oder Gast in der prallen Sonne sitzt. Natürlicher Schattenwurf durch Bäume oder Gebäude sind eine bequeme Alternative zum Aufwand künstlicher Beschattung. Leider verfügen aber nicht alle traumhaften

Hochzeitsorte über natürliche Schattenspender, so dass man vorsorgen sollte. Pavillons, Sonnenschirme oder Partyzelte bieten dem Paar und den Gästen Schutz. Wer eine bewirtete Location bucht, sollte im Vorfeld abklären, was dort bereits zur Verfügung gestellt werden kann.

Ist kein Sonnenschutz für die Gäste installierbar, werden gerne kleine Sonnenschirme zur Verfügung gestellt, die gleichzeitig als attraktives Gastgeschenk dienen.

Im Sommer kann es zwar trocken, aber auch kühl sein. Findet die Feier dann dennoch im Freien statt, sind Gäste für warme Decken dankbar und verhindern eine unangenehme Erinnerung an diesen Festtag.

Zeitlich finden die meisten freien Trauungen am Nachmittag statt. Oftmals findet sich ein kleiner Kreis zuvor zur standesamtlichen Trauung ein, sofern diese nicht schon am Vortag stattfand oder noch länger zurückliegt.

Wer mit einer großen Schar an Gästen feiert, ist mit einer nachmittäglichen Zeremonie immer gut aufgestellt. Die Gäste und das Paar können stressfrei eintreffen, sind bis dahin wirklich ausgeschlafen und der zeitliche Tagesablauf zieht sich im Vergleich zur frühmorgendlichen Zeremonie nicht in die Länge.

Die meisten Paare beginnen mit der freien Trauung und gehen dann über zu Party und ausgelassenem Beisammensein mit Speis und Trank.

Auch hier gibt es keine festen Regeln. Ich begleitete schon Hochzeiten, die mit Umtrunk und kleinen Häppchen oder mit Kaffee und Kuchen begannen, gefolgt von der Zeremonie und anschließendem gemütlichen Abendteil.

Oder eine Trauung, bei der es dem Paar wichtig war um Punkt 00:00 Uhr ihr JA zu sprechen. In diesem Fall ging dann natürlich das Hochzeitsessen voraus.

Sollte ein Ortswechsel gewünscht sein, die Trauung selbst also an einem separaten Ort stattfinden, gibt es einiges zu bedenken – vor allem bei abgelegenen Plätzen.

Es sollten ausreichend Sitzmöglichkeiten vorhanden sein und diese müssen ja auch irgendwie dorthin und später auch wieder weg gelangen. Da die Gäste oftmals schon eine Stunde vor Beginn da sind und sicherlich auch ältere Generationen vertreten sind, sollten ausreichend Stühle oder Bänke vorhanden sein.

Gerade zur heißen Jahreszeit unabdingbar sind Getränke und evtl. kleine Snacks. Oftmals wegen der Aufregung kann es schon mal vorkommen, dass der Kreislauf des ein oder anderen verrücktspielt und da ist man froh dem Körper was zuführen zu können.

Thema Strom. Wer nicht direkt die Trauzeremonie an einer erschlossenen Location abhält, muss bedenken, dass Strom für evtl. Verstärker der Musiker oder fürs Mikro des Redners benötigt wird. Trotz zunehmendem Akkubetrieb besteht eine starke Abhängigkeit von der Stromversorgung. Je nach Gästegröße ist im Vorfeld zu klären, ob die Akteure Mikros, besondere Hardwareausstattung oder eben überhaupt eine Stromversorgung benötigen.

Ebenso sollte die gute Erreichbarkeit der Location für alle Gäste gewährleistet werden. Eine freie Trauung auf einem Berggipfel ist etwas einmalig Schönes, doch sollten auch Teilnehmenden in ihrer jeweiligen körperlichen Verfassung die Möglichkeit haben, dort hinzugelangen.

Wer unter freiem Himmel feiert, sollte an nicht geladene Gäste denken, welche zur Plage werden können: Wo Natur ist, sind Tiere.

Vor dem Aufbau unter freiem Himmel sollte immer der Untergrund gesichtet werden. Ich erlebte eine Trauung, bei der während der Zeremonie ein Gästeblock in helle Aufregung geriet, nachdem auf einmal eine Armada an Ameisen deren Beine erkundet hat. Es tat der

Feier letztlich keinen Abbruch und sorgte sogar für heitere Stimmung. Solchen Attacken kann man aber vorbeugen, in dem man die Sitzplätze der Gäste im Vorfeld inspiziert.

Und gerade im Sommer an Gewässern gibt es auch die fliegenden Angreifer in Form von Mücken. Die Gäste werden es danken, wenn in irgendeiner Form Mückenabwehr zur Verfügung steht.

Sollte die Hochzeitsgesellschaft auch keine ungebetenen Besucher auf zwei Beinen wünschen ist im Vorfeld gerade bei Hochzeiten auf öffentlichen Plätzen immer angeraten daran zu denken, dass solche Plätze gern auch von Fremden frequentiert werden. Der schöne Platz unterm Lindenbaum im Stadtpark ist auch für andere ein Anziehungspunkt, etwa Spaziergänger oder feiernde Jugendliche.

Weiter gilt, ob öffentlich oder privat, immer die Erlaubnis der Ortsverantwortlichen vorab einzuholen. Nur so erlebt man garantiert keine unschönen Erlebnisse an seinem Hochzeitstag.

7. FREIE TRAUUNG IN KLASSISCHEM STIL

Die Möglichkeiten wie der Ablauf der freien Trauungszeremonie sein soll, orientieren sich immer an den Wünschen und Anregungen des Paares. Es gibt aber ein klassisches Modell, auf welches die meisten Paare zurückgreifen, da es dramaturgisch abwechslungsreich, und daher nicht langweilig oder einschläfernd wirkt. Es orientiert sich in gewisser Weise am Ablauf einer klassischen Hochzeit, ist jedoch inhaltlich deutlich freier und lebhafter gestaltet.

01. Einzug Braut (mit Musik)

02. Begrüßung

03. Hinführung zum großen Tag ggf. mit Geschichte/Gedicht

04. Brautpaarrede (anschl. Musik?)

05. Einführende Worte zur bevorstehenden Trauung

08. Thematisierung Ringe

09. Gegenseitiges Versprechen der Brautleute

10. Traufragen (Willst du?)

11. Ringtausch

12. Bestätigung als Mann & Frau (anschl. Musik?)

14. „Segensworte" und Schlusswort

15. Feierlicher Auszug des Ehepaares (mit Musik)

8. RITUALE UND SYMBOLE

Wie der Ring Symbolcharakter besitzt und der Ringtausch als Ritus zeichenhaft darstellt, was bei einer Heirat geschieht, so gibt es bei den freien Trauungen zahlreiche Rituale, welche alle auf unterschiedliche Art und Weise aufzeigen, was durch dieses große Ereignis im Leben zweier Menschen geschieht.

Viele davon sprechen in ihrer Durchführung eine eigene Sprache und bedürfen eigentlich keiner Worte. Dennoch liegen so viele unterschiedliche Facetten in einem jedem Ritus, dass die Bedeutung, individuell auch auf das einzelne Paar bezogen, in erklärenden Worten in der Zeremonie Anklang finden sollte.

Neben dem Symbolcharakter kommt den Ritualen auch noch ein banaler, aber für eine jede Hochzeit wichtiger Nebeneffekt hinzu: es gibt die wunderschönsten Fotos des Paares bei der gemeinsamen Durchführung der einzelnen Riten.

Im Folgenden möchte ich ein paar der gängigsten Rituale nennen. Im Internet finden sich in Hochzeitforen noch zahlreiche weitere. Grundlegend unterscheiden sie sich in zweierlei Weise: Rituale, welche nur das Brautpaar betreffen und Rituale, die eine kleine Auswahl oder alle Gäste miteinbeziehen.

RINGE WANDERN LASSEN

Ein Band wird durch die Reihen der Gäste gegeben. Vor dem Eheversprechen werden die Ringe auf das Band gezogen und können so von Gast zu Gast wandern. Jeder Gast hält sie kurz und spricht seinen Wunsch oder Segen für das Paar in die Ringe. Am Ende gelangen sie beim Brautpaar an und enthalten die Wünsche der Gäste.

Dieser Ritus eignet sich vor allem für eine kleine Anzahl von Gästen oder eine Auswahl aus der Gästeschar z.B. die engste Familie, etwa Eltern und Geschwister. Bei einer Anzahl von ca. 30 Teilnehmern dauert dieser Ritus gut fünf Minuten. Instrumentale Musik locker das Ganze auf. Bei einer kleinen Anzahl von Teilnehmenden von ca. zehn Personen können diese auch einen Kreis um das Brautpaar bilden, was wieder rum dem Symbolcharakter des Ringes mit einbezieht. Spaßhaft erwähne ich immer beim Ritus am Band, dass dies zeitgleich als Diebstahlschutz fungiert oder keiner die neuen Ringe gegen seine Alten austauschen kann, da dies durch das Band, auf dem die Ringe aufgefädelt sind, verhindert wird.

Anstatt des Bandes können die Ringe auch auf dem Ringkissen oder in einem Kasten herumgereicht werden.

BRAUTPAAR-BANDRITUAL

Die Brautleute legen nach dem Ringtausch die Hände ineinander. Der Theologe/die Theologin bzw. Redner/in umwickelt die Hände mit einem breiten Samtband und spricht einen Text. Es symbolisiert die feste Zusammengehörigkeit der Eheleute. Dieser Ritus orientiert sich an der kirchlichen Praxis, bei der der Priester mit seiner Stola die Hände des Paares umwickelt, als zeichenhafte Darstellung der Verbundenheit unter Gottes Mantel und Schutz. Der Text, welchen ich dazu spreche, orientiert sich an den Eigenschaften eines Bandes in

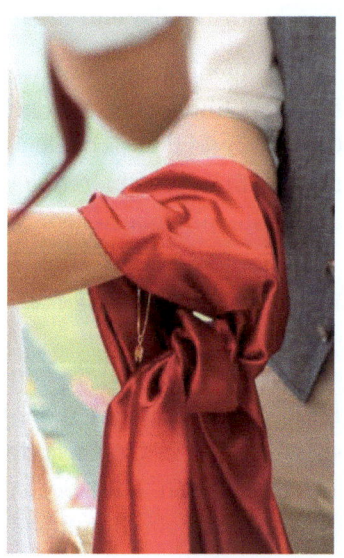

Anbetracht der Ehe. Es soll binden, aber nicht fesseln, soll wärmen, aber nicht verbrennen usw.

DAS SANDRITUAL

Das Sandritual bietet eine wunderbare Möglichkeit um in der freien Trauzeremonie die Vereinigung des Brautpaares darzustellen. Was dazu benötigt wird ist ein großes Glasgefäß (am besten verschließbar), zwei kleine Gefäße, verschiedenfarbiger Deko-Sand und ein bisschen Hintergrundmusik für die Untermalung des Rituals. Die verschiedenen Farben des Sands symbolisieren jeweils einen der beiden Partner und dessen Individualität. Beide lassen den Sand ihrer Farbe im eigenen Tempo im Glas zusammenfließen. Dabei entsteht ein ganz individuelles einzigartiges Kunstwerk, das vom Zusammenspiel beider Farben lebt. Zugleich sind aber beide Farben noch voneinander unterscheidbar. Denn auch in der engen Vereinigung der Ehe verschmilzt man ja nicht mit dem Partner, sondern jeder behält weiterhin seine Individualität und Einzigartigkeit.

Dieses kleine Kunstwerk ist ein wunderbares Andenken, welches das Brautpaar mit nach Hause nimmt und so immer wieder daran erinnert wird, dass auch in der Ehe die Kunst darin besteht, die ganz individuellen Eigenschaften beider Partner geduldig ineinanderfließen und sich vermischen zu lassen – ohne sich selbst dabei aufzugeben!

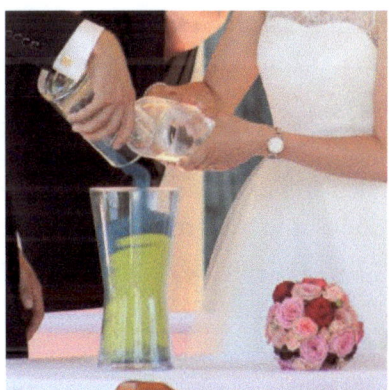

BROT BRECHEN

Traditioneller Ritus aus dem Heidentum um ein neues Familienmitglied in der Familie willkommen zu heißen.

Jeweils ein Vertreter der zwei Familien, welche sich durch die Heirat quasi zu einer größeren Familie verbinden, kommt mit einem Tablett mit Brot und Wasser zum Brautpaar. Das Brot wird gebrochen und gegessen und es wird ein Schluck Wasser getrunken. Somit ist der jeweilige Partner nun Teil der Familie des anderen.

TRAUKERZE MIT GEDICHT

Der wohl bekannteste Ritus. Die Trauzeugen bringen eine Kerze nach vorn und überreichen sie dem Brautpaar. Dieses zündet sie gemeinsam an. Im Anschluss verliest der Redner oder einer der Zeugen oder Familienangehörigen ein Gedicht.

Ich empfehle diesen Ritus vor dem Ringtausch und dem Ja-Wort einzubauen. Die Kerze wird zunächst entzündet und brennt während des gegenseitigen Versprechens. Der Text zur Kerze folgt dann erst als zweiter Teil, wenn beide als Mann und Frau ausgerufen werden.

Der Text ist dann darauf ausgelegt, die Kerzenflamme als Zeugin des Eheschlusses zu sehen. Die Eheleute werden ermutigt, die Kerze in guten wie in schlechten Zeiten, am Hochzeitstag, bei der Geburt eines Kindes und anderen Lebensereignissen wieder anzuzünden und sich an den Tag ihres Ja-Wortes erinnern.

BÄUMCHEN PFLANZEN

Ein Bäumchen wird symbolisch während der Zeremonie gepflanzt oder in einem Topf bereitgestellt. Später kann dieses Bäumchen dann im heimischen Garten seinen Platz finden.

So wie das Bäumchen wächst, soll die Ehe wachsen und auch Früchte (Kinder) tragen. Hierzu kann man den Gästen auch im Vorfeld Kärtchen zukommen lassen, auf die sie ihre Wünsche für das Brautpaar schreiben. Während der Zeremonie oder im Laufe der Hochzeitsfeier hängen die Gäste ihre Wünsche an das Bäumchen und überreichen sie auf diese Weise.

KNOTEN KNÜPFEN

Für diesen Ritus benötigt man ein längeres Seil. Während der Zeremonie, meist in Verbindung mit dem Ja-Wort oder dem Ringtausch, knüpfen die beiden Brautleute einen Knoten an einem Ende des Seiles.

Symbolisch steht dieser Knoten für die neue Verbindung und Verknüpfung. Ein entsprechender Text deutet die Symbolik. Der Strick darf gerne zwei/drei oder mehr Meter lang sein, damit die Eheleute an jedem Hochzeitstag einen weiteren Knoten hinzufügen können.

9. DAS GEGENSEITIGE VERSPRECHEN „JA ICH WILL"

Weder bei der kirchlichen noch bei der freien Trauung ist es der Pfarrer oder Redner, der die beiden vereint. Immer ist es das Paar, welches sich gegenseitig zum Ehepartner nimmt und sich somit gegenseitig verspricht.

Die Frage nach dem „Ja" gehört unweigerlich zu einer Hochzeit dazu. Ist es doch der Höhepunkt, der zentrale Satz, auf den alle gespannt warten. Folglich hatte ich in über 14 Jahren als freier Theologe und Redner noch kein Paar, welches diesen Part nicht in ihrer Zeremonie haben wollte.

Dem Ja-Wort voraus geht also meist die Frage nach dem Wollen, der Bereitschaft. Diese Frage kann in einer einfachen oder in einer gestaffelten Abfrage stehen.

Die einfache Abfrage kann z.B. lauten:

Bist du hierhergekommen, um nach reiflicher Überlegung und aus freiem Entschluss mit deiner Braut/deinem Bräutigam (Name) den Bund der Ehe zu schließen?

So antworte mit JA, ich will!

Die gestaffelte Abfrage kann zum Beispiel lauten:

Bist du hierhergekommen, um nach reiflicher
Überlegung und aus freiem Entschluss
mit deiner Braut (Name)/deinem Bräutigam (Name)
den Bund der Ehe zu schließen?
So antworte mit JA, ich will!

Willst du deine Frau/deinen Mann
lieben, achten und ehren und ihr/ihm die Treue halten,
alle Tage eures Lebens,
so antworte mit JA, ich will.

Willst du (Name des Partners)
ein Stück des Weges mittragen,
sollten schwere Zeiten es erforderlich machen,
so antworte mit JA, ich will.

Ein Ersatz für die Frage oder Zusatz als Hinführung zur Willensbekundung, kann ein Gelübde der Partner aneinander sein.

Dies sind meist persönliche Worte des einen an den anderen, in denen die Willensbekundung klar zum Ausdruck kommt. Manche Paare wollen lieber die einfache Abfrage des Redners, da persönliche Worte, auch wenn aufgeschrieben und vorlegelesen, sehr emotionale Reaktionen auslösen können. Dennoch sind persönliche Worte immer die schönere Möglichkeit, auch gerade weil dabei sehr viele Emotionen zur Vorschein kommen und schließlich ist es die größte Emotion der Liebe, die ein Paar zu diesem Ereignis zusammengeführt hat.

Das jeweilige Gelübde kann nacheinander von beiden Ehepartnern gesprochen werden. Dabei bleibt das Versprechen für den Partner bis zu diesem Moment ein wunderschönes Geheimnis. Alternative

Varianten sind wie ein Wechselgespräch aufgebaut. Bei der Wechselvariation formulieren beide Partner im Vorfeld gemeinsam das Gelübde.

BEISPIEL EINES GELÜBDES EINER DER BEIDEN PARTNER

Braut an ihren Bräutigam:

Sich vor so vielen Menschen romantische Dinge zu sagen ist schwierig ohne in Tränen auszubrechen. Auch wenn man alle hier anwesenden kennt und Sie unser Leben begleitet und mitgestaltet haben.

Was man sich verspricht, wenn man den Rest seines Lebens miteinander verbringen will?

Natürlich treu zu sein, und ehrlich.

Ehrlich bedeutet für mich offen zu sein, sich mitzuteilen und über ALLES reden zu können.

Es klingt wie eine Floskel, wenn man das über seinen Partner sagt – Wir können über alles reden. Aber tatsächlich bist du derjenige, mit dem das für mich funktioniert. Bei dem Ich mich öffnen kann und keine Scheu haben muss etwas zu sagen, und sei es noch so unangenehm. Du hast immer ein offenes Ohr für mich und verurteilst keinen meiner Gedanken.

„Wir streiten uns nie"... Noch so eine Floskel die man sich mit seiner rosaroten Brille wünscht. Und so romantisch ich auch bin, nie hätte ich glauben können jemanden an meiner Seite zu haben mit dem man ein so harmonisches und liebevolles Zusammenleben zelebriert wie mit dir. Danke, dass du mein ruhiger Fels bist, egal wie stürmisch ich auch bin.

Was möchte ich dir noch versprechen?

*Dich zu unterstützen und bei dir zu stehen in guten
wie in schlechten Tagen.*

*Aber an schlechte Zeiten will man gar nicht denken
und man kann sich in dem Moment in dem man sich
das Ja-Wort gibt auch nicht vorstellen, dass solche
Zeiten jemals anbrechen werden. Und deswegen denken
wir auch heute nicht an potentielle Täler durch die wir
eines Tages gehen müssen. Nicht, weil wie Sie
ignorieren, sondern weil wir wissen, dass wir Sie
gemeinsam beschreiten können und es uns nur stärken
wird.*

*Im Moment, jetzt gerade, sind wir glücklich und
herzerfüllt. Verliebt und Geliebt. Diese Art von Liebe
bei der einem ganz warm im Bauch wird und das Herz
Flügel bekommt.*

*Natürlich Versprechen wir uns da zu sein füreinander
und uns zu lieben und zu ehren. Uns zuzuhören, uns
zu verzeihen, aber am wichtigsten: miteinander zu
sprechen, nichts unausgesprochen zu lassen.*

*Was das große Abenteuer Leben auch immer für uns
bereithalten wird.*

*Ich bin Dankbar dich an meiner Seite zu wissen und
dieses Abenteuer mit dir gemeinsam weiter bestreiten
zu dürfen.*

Ich liebe dich!

Und Bräutigam an die Braut:

*Du bist die, die ich mir immer in meinem Leben
gewünscht habe. Mit dir an meiner Seite
werde ich Ganz. Mit dir endet die Suche
nach dem fehlenden Teil zu meinem Herzen.*

*Du verleihst mir Kraft, wenn ich mal schwach bin.
Du schenkst mir deine Liebe und Zuneigung, wenn ich
mich selbst mal nicht annehmen und lieben kann.*

*Du bist mein Fels in der Brandung,
der mich über Wasser hält,
wenn die Wellen des Lebens höherschlagen.
Ohne dich will und kann ich nicht mehr sein.*

*Ich liebe dein Lachen von Innen raus,
deine aufrichtige Ehrlichkeit, deine Herzenswärme und
deine positive Sicht auf all die Dinge des Lebens.*

*Mit dir will ich das Leben erleben, unsere gemeinsamen
Ziele erreichen und an oberster Stelle will ich dich zum
glücklichsten Menschen auf der ganzen Welt machen.*

*Am heutigen Tag verspreche ich dir für unsere
gemeinsame Zukunft:
Ich lass dich nie mehr los!
Seite an Seite von heute an mit dir!*

*Ich werde da sein für dich und deine Hand halten,
in all den Momenten unseres Lebens,
seien sie sanft oder stürmisch.*

*Der Platz in meinem Herzen soll von nun an der Ort
deiner Geborgenheit sein.
Der Ort, an dem du immer spüren wirst:
Ich liebe dich!*

BEISPIEL EINES WECHSELSEITIGEN GELÜBDES

Bräutigam:
Unter den Augen all der Menschen, die uns Familie
und Freund sind, sage ich heute aus tiefstem Herzen
und freiem Willen JA. JA zu dir und ja zu uns.

Braut:
Ich sage JA zu dir als mein Partner,
meinen Freund und Geliebten.

Bräutigam:
Ich sage ja zu dir als meine Ehefrau, …, und …

Braut:
Ich will gemeinsam mit dir
lachen und glücklich sein.

Bräutigam:
Ich will mich gemeinsam mit dir
freuen und stolz an Deiner Seite stehen.

Braut:
In schlechten Zeiten werde ich dir Halt sein,
wenn du weinst, dir die Tränen trocknen und
für dich einstehen, wenn dir jemand Unrecht tut.

Bräutigam:
Ich werde für dich der Kämpfer sein,
wenn du selbst kraftlos bist. Ich werde die Antwort
sein, wenn du nach Hilfe fragst.

Braut:
Ich verspreche dir, immer an deiner Seite zu stehen.

Bräutigam:
Ich verspreche dir, auch dann mit dir zu reden, wenn
Schweigen einfacher wäre.

Braut:
Ich will da sein, wenn du meine Nähe brauchst
und dir den Freiraum lassen, den du benötigst.

Bräutigam:
Ich will mit dir fühlen, was immer dein Herz bewegt.

Braut:
Ich will dich so lieben wie du bist
und über Kleinigkeiten stets hinwegsehen.

Bräutigam:
Ich will das Gute in dir verstärken,
die kleinen Macken akzeptieren,
in Ungeduld geduldig sein
und an meinen Macken arbeiten.

Braut:
Ich will bis zum Ende unserer Tage
an deiner Seite sein, weil du
die Liebe meines Lebens bist.

Bräutigam:
Ich will dich stets fühlen lassen, dass ich dich liebe, ehre
und achte. Du bist mein Herzschlag, meine Liebe, mein
Alles.

Ein guter Redner wird einige Aspekte des/der Gelübde dann sicherlich aufgreifen und, sollte es eben im Anschluss an die Abfrage der Willensbekundung kommen, diese in die Frage(n) mit einbeziehen und darauf aufbauen.

Im Internet finden sich zahlreiche Beispiele für weitere Formulierungen zu Gelübden, also einfach auch mal stöbern und sich Anregungen holen.

10. MUSIK –
GESPIELT WIRD, WAS GEFÄLLT!

Von Hardrock über Schlager, hin zu einem herzhaften Jodler-Lied war schon alles dabei.

A Cappella, instrumental, Klavier im Garten oder fünfköpfige Band auf der Alm – gespielt und gebucht wird, was dem Paar gefällt.

Manche Paare buchen Band oder Sänger für die Zeremonie und für die anschließende Hochzeitsfeier zusammen, andere haben einen Sänger oder Sängerin zur Zeremonie und eine Band für den Abend und wiederum andere nehmen Musik für die Zeremonie von Band.

Wie bereits erwähnt, kann der ein oder andere Künstler vom Strom abhängig sein, was bedacht werden sollte, findet die Zeremonie fernab der Zivilisation statt. Sonst beschränkt sich die Suche nach Musik auf die klassische Gitarre oder andere stromunabhängige Instrumente.

Hinsichtlich der musikalischen Umrahmung rate ich für die freie Trauung, je nach Inhalt der Zeremonie, zur bewährten Anzahl von vier Titeln. Das erste Lied zum Einzug der Braut oder des Brautpaares, ein weiteres nach dem ersten größeren Teil bzw. der Paar-Rede, ein dritter Song nach dem Ja-Wort und ein viertes Musikstück zum abschließenden Auszug des Paares.

Erfahrungsgemäß sollten die einzelnen Titel eine Länge von drei bis dreieinhalb Minuten nicht überschreiten, um die ganze Zeremonie nicht zu sehr in die Länge zu ziehen. Längere Stücke lassen schnell Ungeduld unter den Gästen aufkommen und viele fangen dann an sich leise (oder laut) zu unterhalten.

Manche Familienmitglieder sind selbst mehr oder weniger musikalisch begabt und möchten gern einen Part innerhalb der Trauung mit ihrem Gesang oder Musikinstrument übernehmen. Dies ist oftmals ein wunderschöner und natürlich sehr persönlicher Beitrag zum großen Anlass.

Bedacht werden sollte dabei aber auch, dass dies ein sehr emotionaler Moment werden kann, zu dem die Tränen fließen und geschluchzt wird – und das nicht nur beim Paar, sondern evtl. auch beim Künstler oder bei der Künstlerin. Da kann es schon mal sein, dass die Luft wegbleibt beim Singen oder man den Text vergisst.

Ich finde, das darf auch sein und es macht die Feier umso emotionaler und oftmals sind das die schönsten Erinnerungen, wenn etwa die Brautmama während des Singens in Freudentränen ausbricht und der Text dann spontan individualisiert wird. Generell kommen die Trauungen am besten an, bei denen nicht alles zu 100% perfekt ist und es spontan auch zum Lachen einlädt und sich tolle Erinnerungen daraus ergeben.

Bei der Suche nach einem professionellen Sänger oder einer Sängerin gibt das Internet eine Vielzahl von Angeboten her. Die meisten Profis bieten Hörproben an, sodass man sich schon mal ein „stimmliches" Bild machen kann. Ebenso findet sich oftmals eine Liste des angebotenen Repertoires wieder. Sollte ein gewünschter Song beim sonst aber stimmlich auserwählten Künstler nicht aufgelistet sein, einfach nachfragen. Die meisten Sänger und Sängerinnen studieren gerne neue Lieder ein und erfüllen auch so die Wünsche der Paare.

11. DIE GÄSTESCHAR

Viele der Gäste kennen sich wahrscheinlich schon und dennoch ist es ein bunt zusammengewürfelter Haufen, der einzig und alleine wegen des Paares zusammenkommt.

Für die freie Trauung, wie auch für jede andere Form der Hochzeit, spielt es so gesehen keine Rolle wer die Gäste sind. Bei einer freien Trauung allerdings hat man die Möglichkeit, die Gäste (alle oder einen Teil) in die Zeremonie mit einzubinden (siehe Ritual Ring-Bandritus, Ringkinder, Blumenkinder) oder sich auch als Hochzeitspaar an alle Gäste oder die enge Familie mit ein paar Worten wenden zu können.

Wenn die Gäste, in welcher Form auch immer, mit eingebunden werden, z.B. in dem sie Reis zum Auszug des Paares werfen, einen Blumenregen veranstalten oder während der Zeremonie einen Text vortragen oder Fürbitten übernehmen, sind sie nicht nur Zuschauer, sondern werden zu aktiven Mitwirkenden. Die allgemein positive Stimmung verändert sich dadurch um ein Vielfaches und es lockert auch den Ablauf immer auf.

Manche Paare richten erst später bei der anschließenden Feier ein paar Worte an die Gäste. Manch andere wünschen dies während der Zeremonie oder nehmen zumindest die enge Familie, sprich meist die Eltern und Geschwister zum Anlass, ihre Dankbarkeit während der Trauung auszusprechen.

12. TIERISCHE GÄSTE

Zur Gästeschar gehören oftmals auch tierische Begleiter, welche auch hin und wieder einen Dienst übernehmen.

Der Hund als Ringträger ist heute keine Seltenheit mehr. Viele Paare wünschen sich, dass ihr vierbeiniger treuer Freund ihnen die Ringe überbringt. Dies klappt manchmal besser und manchmal weniger, jedoch niemals ohne ein herzhaftes Lachen oder hingerissenes Schluchzen der Gäste.

Es gab Paare, die sich über ihre Hunde kennen gelernt haben und da ist es doch klar, dass die Hunde ihren Ehrenplatz jeweils zur Seite des Paares einnehmen.

Oder dass der zahme Papagei schulterherabblickend das Ganze als Zeuge befolgt und das Ja des Paares freudig nachplappert.

Pferdebegeisterte Paare ritten schon zusammen durch die Gästereihe zum Ort des Geschehens, sagten Ja zueinander, steckten sich die Ringe hoch zu Ross an den Finger, um dann kehrt wendend wieder durch das Spalier an Gästen in ihre nun beginnende Ehe galoppierten.

13. RECHTLICHES UND WISSENSWERTES

Ganz gleich ob es eine kirchliche oder freie Trauung werden soll, rechtswirksam ist eine Eheschließung nur durch den Akt einer standesamtlichen Trauung. Nur so erhält man alle Rechte und Pflichten eines Ehepaares, welche sich im zivilen Leben dann einstellen.

Eine freie Trauung ist der Vollzug einer schönen Feier mit allen Freunden und Familienangehörigen, an die man sich gerne erinnert und die man festlich und feierlich gestaltet. Es verleiht dem Eheschluss das besondere Etwas und stellt das Ereignis in einer erinnerungswürdigen Form dar.

Ich traue mich auszusprechen, dass viele Paare, vor allem die Bräute, sich gerne eine kirchliche Hochzeit wünschen, weil es zum schönsten Tag im Leben gehört zu heiraten und im weißen Kleid wie eine Prinzessin zum Altar zu schreiten.

Der Aspekt des Glaubens und dem Wunsch der Kirche nachzukommen, dass die Ehe dann natürlich in ihrem Sinne gelebt und ausgerichtet wird, verliert sich in der Hierarchie der Gründe, warum kirchlich geheiratet werden sollte, auf den hinteren Plätzen.

Im Gegensatz zur freien Trauung, die keine rechtlichen Auswirkungen auf die Ehe der beiden Brautleute hat, stellt die kirchliche Hochzeit zumindest in katholischer, kirchenrechtlicher Hinsicht etwas Verbindliches dar.

Die Institution der katholischen Kirche hat ihre eigenen Rechte verbindlich geregelt im sogenannten Codex *Iuris Canonici* (kurz CIC; lateinisch für Kodex des kanonischen Rechtes).

In diesem, ihrem Gesetzbuch, regelt die katholische Kirche auch das Eherecht aus ihrer Sicht. Bekannt daraus sind z.B. dass im Falle einer

Scheidung nicht erneut kirchlich geheiratet werden kann oder der Ausschluss vom Sakrament der Kommunion. Ebenso, dass die Ehe ausgelegt ist auf Mann und Frau, mit dem Ziel Kinder zu zeugen.

Unter anderem gibt es in der Ansicht der katholischen Kirche Ehehindernisse, also Hindernisse die keine Eheschließung zulassen. Dazu gehören z.B. Religionsverschiedenheit (keine oder von der kath. Kirche nicht anerkannte Taufe), Zwang, oder Impotenz im Sinne der Unfähigkeit zum Beischlaf bzw. wenn sie, die Impotenz, von dauerhafter Natur, also unumkehrbar ist.

Wer sich damit näher beschäftigen möchte, kann dies im CIC unter Eherecht und Ehehindernis studieren. Es ist interessant die kirchenrechtlichen Aussagen und Gesetze in ihrer trockenen und oftmals alles andere als menschlichen Ansicht zu durchdringen.

Für gleichgeschlechtliche Paare verwehrt die kath. Kirche ohnehin jede Art von Segnung. Die evangelische Kirche ist da offener, ebenso die altkatholische Kirche.

Die freie Trauung verwehrt sich nur denjenigen, die aus rechtlichen Gründen auch nicht heiraten dürfen, bspw. Blutsverwandten. Ansonsten orientiert sich die freie Trauung an der Liebe, die zwei Menschen füreinander empfinden und dem Wunsch, in Verantwortung füreinander gemeinsam durch Leben zu gehen, und dies in einer Zeremonie auch nach außen zeigen und bekräftigen zu können.

14. KOSTEN

Wie bereits erwähnt, orientiert sich der Preis an der angebotenen Leistung und ist vom Dienstleister abhängig.

Eine durchschnittliche freie Trauungszeremonie mit einer Dauer von 45-60 Minuten bewegt sich üblicherweise im Rahmen 600-1000 €, zuzüglich eventueller Fahrt- und Übernachtungskosten.

Ausnahmen gibt es genügend. Im Grunde müssen letztendlich die Auftraggeber entscheiden, was für Sie in ihrem finanziellen Rahmen liegt, wie ihre Erwartungen an die Zeremonie sind und ob das Preis-Leistungsverhältnis gerechtfertigt erscheint. Günstig heißt nicht gleich schlecht und teuer heißt nicht immer gut.

Als Orientierungshilfe dient oftmals auch ein Blick auf die berufliche Qualifikation, Referenzen anderer Paare oder, im besten Falle, auf Empfehlung Dritter, welche die Dienstleistenden schon in Aktion erleben durften

www.daniel-buehling.de

15. KONTAKT ZUR MIR

Liebes Brautpaar,

ihr sucht einen Hochzeitsredner, der eure Wünsche und Vorstellungen in einer einmaligen Zeremonie mit euch zusammen gestaltet und umsetzt?

Mein Angebot für euch:

- Persönliches Vorgespräch bei Kaffee und Kuchen, bei dem Ihr mir eure Vorstellungen und Wünsche mitteilt.

- Verfassen einer liebevollen, auf Euch zugeschnittenen Trauungsrede inkl. Ausarbeitung der Hochzeitszeremonie.

- Durchführung eurer Trauungszeremonie.

- Begleitung während der gesamten Zeit vom ersten Kontakt bis zu eurer Hochzeit.

- Trauungsurkunde und eine gebundene Ausgabe eurer Trauungszeremonie.

- Auf Wunsch Kontaktvermittlung zu Hochzeitsfotografen, Musikern, Floristen und Locations.

Ihr erreicht mich über die E-Mail-Adresse **info@daniel-buehling.de** und telefonisch unter der Nummer **+49 (0)172 / 66 94 965**.

Ich freue mich auf unser erstes Gespräch und eure Fragen.

Herzliche Grüße von eurem Hochzeitsredner

Daniel Bühling